Da Schtruwlbeda

af Bairisch

Text: Klaus Schwarzfischer

Bilder: Dr. Heinrich Hoffmann

Bibliografische Information der Deutschen Nationalbibliothek

Die Deutsche Nationalbibliothek verzeichnet diese Publikation in der Deutschen Nationalbibliografie; detaillierte bibliografische Daten sind im Internet über http://dnb.dnb.de abrufbar.
ISBN 978-3-95587-709-5

2. Auflage 2020
ISBN 978-3-95587-709-5

in der Battenberg Gietl Verlag GmbH, Regenstauf
www.battenberg-gietl.de
Umschlagabbildungen: 123RF.com: mastakas, sirimiri

Da Schtruwlbeda

oder der Struwwelpeter und das Bairische

Mundart wird normalerweise gesprochen. Andernfalls hieße sie Schriftart. Da es im Bairischen unterschiedliche Lautungen für ein- und denselben Buchstaben gibt, fällt das Lesen im Dialekt nicht unbedingt leicht. Spaß macht es trotzdem – und ein bisschen knifflig darf es ja auch sein Wenn alle Stricke reißen, hilft das Internet.

Auf www.schwafi.com/kinderbuch liest der Autor den Schtruwlbeda auf Bairisch vor und beseitigt damit alle Aussprache-Unklarheiten.

1845 schrieb, zeichnete und veröffentlichte der Kinder- und Nervenarzt Dr. Heinrich Hoffmann seinen Struwwelpeter. Über das Buch wurde und wird viel diskutiert. Es wird gelobt, beschimpft, verherrlicht oder verdammt. Ein Klassiker ist es auf jeden Fall.
Da Schtruwlbeda übernimmt die Zeichnungen der Frankfurter Originalausgabe. Die ursprünglichen Texte wurden nicht einfach wörtlich ins Bairische übersetzt. Vielmehr entwickeln die Geschichten ihr Eigenleben und am Ende kommt es meistens anders, als man denkt.

Inhalt

Da Schtruwlbeda

Bloß fia brave Kinder

Brave Kinder san sche schtad
wal s Christkindl sunst ned kemmer dad.
Sie essn erer Suppn af
und s Vollkornbrot mit Gurkn draf.
Wenn s ned laud ummernander blärrn
und allerwal af d Muadder hean,
wenn s Kind bloß dann,
wenn s gfragt wird, redt,
mei Liaber,
nacher stimmt wos ned.

Greizbirnbamundhollerschtaua
am Schtruwlbeda konnst ned trauer.
Oaner mit so zrupfte Hoa
hod beschtimmt irgendwos vor.
Vielleicht is er a Terrorist
oder, dass er Kinder frisst.
S Mal zreißt se a jeder
iwan Schtruwlbeda.

De Gschicht vom wüldn Fritz

Da wülde Fritz woa oaner,
so deppert wia sunst koaner.
Rennt ummernand im ganzn Haus
und reißt de Fliang de Fliegl aus.
Schlagt mit am Stuhl
den oamer Gockl
und mit am Schtoa
sei Katz, der Trottl.
Ma mächt fast seine Aung ned traun,
da wülde Fritz schlagt sogoa Fraun.

Er schteigt a Treppn affe und
ohm segt er an bravn Hund
gmiatlich ausm Brunner saffer.
Glei wird er se den Kläffer kaffer.
Holt mid da Beitschn aus, schlagt draf,
schlagt awl weider, head ned af.
Do backt da Hund an Fritz sein Haxn,
so fest, dass seine Knocher knacksn.
S Wadl zbissn,
d Hosn zrissn.
Dann lasst da Hund n Haxn aus,
schnappt de Beitschn, rennt ins Haus.
Der wülde Fritz liegt do und schreit
wia am Schpieß, wal er so leidt.

Dem wüldn Fritz geihts goa ned guad,
koa Wunder: er war fast verbluat.
Muaß haffaweis Tablettn schlucker
und braucht zum Geh a Lebn lang Krucker.

Da Hund lasst se an Kuacher schmecker,
deaf Rotwein ausm Glasl schlecker.
Fian kloaner Hunger nochm Durscht
frisst er a Debrezinerwurscht.

Dem oan gehts guad, dem andern schlächt.
Ma kannt fast song, so is gerecht.

Zindln

Feierwehrball is in da Schtod.
Desweng san de andern grod
voller Freid zum Feiern gfoan,
bloß de kloa Paula bleibt dahoam.
Sie singt und schpringt
und pfeift und locht,
wia mas als Deandl hold so mocht.
Auf oamol segts wos und bleibt schteh.
„A Zindholzschachterl, is des sche!“

Des is owa intressant,
denkt sa se und moant, sie kannt
Hölzln aus der Schachtl nehmer
und schauer, obs a wirklich brenner.

Minz und Maunz, sie Katz, er Koder,
erinnern s Deandl an sein Voder.
Der hod gsagt, des deafs ned do,
wal a Kind des no ned ko.
Afgregt wacklns mit de Pfotn:
„D Muadder hods da a verbotn.“

Sie denkt se: Wos de dummer Katzn
fir an Schmarrn scho wieder schmatzn.
Glei zinds oans vo de Hölzln o,
„Do schauts her, i kon des scho!“
Sie danzt im Kreis und hupft vor Freid:
„A ächter Feierdog is heid.“

Minz und Maunz miauer weider:
„Omei omei, wirst no ned gscheider.
Hea hold mid deim Zindln af!
Deandl, warum bist ned brav?“

Scho hod des
schene blaue Gwandt
mid gölbe Schleiferl
Feier gfangt.
Sche langsam merkts,
dass hintn brennt
und fuchtld afgregt
mid de Hend.

Minz und Maunz,
de Katzn schreier
laut um Hülfe:
„Feier, Feier!“
Miau miau,
es muaß wer kemmer.
Lassts unser Paula
ned verbrenner!“

Wal eaner koaner hölfer ko,
brennt des Deandl lichterloh.

Alles vorbei
und aus und goa,
sie verbrennt
mit Haut und Hoa.
Aus der Aschn
rauchts a weng,
des is unser Paula gwen.

Rotz und Wosser
woaner d Katzn,
reim se d Aigerl
mid de Datzn.
Ehrlich gsagt
heids ned vül schlimmer,
wias passiert is,
kemmer kinner.

Schuld dro woa af jeden Fall
d Feierwehr - und ihrer Ball.

Da schwoaze Mo

De näxte Gschicht fangt finster o
mid am kohlraberlschwoazn Mo.
Der tragt an blauer Sunnerschirm,
na brennt eam d Sun ned so afs Hirn.
Vo hintn kimmt da Lucke grennt
mid ana Fahner in der Hend.
Da Willi is der Depp vom Dorf
und schpüld se mid am Ringlroaf.
A da bled Kaschper kimmt zum Hetzn
mid aner hoatn Dauerbrezn.
Sie blärrn, er heid a greislichs Gfries,
und wal er schwoaz wia Tintn is,
frongs, ob der Neger Wumbaba
äpper vo eam da Vadder war.

Da schtrenge, olte Lehrer Massl
schteiht vor seim Riesntintnfassl.
Er redt dem Dreier-Gschwerl guad zua:
„Lassts ma den schwoazn Mo in Ruah!
Mir kimmts sogoa so vor als wia,
war des da Höller vo eich vier.“

De Buaschn owa wölln ned hean,
schreier zruck: „Geh, hob uns gean!“
Frech schtreckers eam de Zung entgeng.
Wo des no hifiad, wird ma seng.

Leck, is da Lehrer grantig woan,
backts an de Oam und an de Oan.
Er dunkt de Deppn alle drei
weit in sei Tintnfassl ei.

Da Willi und da Lucke woaner,
bloß da Kaschper dad no moaner,
er kannt se wehrn. Er fluacht und faucht
und wird am diafstn einedauchd.
Om und unt und vorn und hintn
san de drei Drackn voller Tintn.

Da Willi
schaut den Kaschper o,
den Lucke und den schwoazn Mo.
Er regt se af: „A so a Scheiß,
mir drei san eitz am wengstn weiß.“

Hos und Jager

Du findst koan Jager,
der ned sagt:
„Sche is, wenn ma
Hosn jagt."
Dazua brauchts Kugln
und a Flintn –
und an Hosn muasst
hold findn.

Waidmannsheil,
er suacht an Hosn
mid da Brülln af seiner Nosn.
Schau, wia na da Hos derbleckt
in de Bladln guad versteckt.

Schlächt is, wenn ma rächt vül rennt,
und d Sun vom Himml owabrennt.
Er wiad miad, legt se ins Gros.
„Wos wird eitz des?", fragt se da Hos.
Da Jager fangt zum Schnoacher o.
Da Hos schleicht hi und hupft davo
mid da Brülln und midm Gwehr.
Des gibt er so schnöll nimmer her.

De Brülln hockt eitzer af da Nosn
vo am iwagschnapptn Hosn.
Scho legt da Hos de Flintn o,
da Jager rennt zickzack davo.
Rennt wira Hos, laft um sei Lebn,
des Viech wül eam de Kugl gem.

Er kimmt no midm Lebn davo
und bol draf in seim Goatn o.

Da Hos is a scho wieder do.
Schnöll verschtecker, ower wo?

S Loch vom Brunner grod no gfuner,
Kopf voraus wird einegschprunger.
Da Wüldhos feiert feig vo hintn
afn Jager mid da Flintn.
Trifft statt eam a Kaffeetassn
und fast sein kloaner Buam im Rasn.

Vielleicht sollts wenger Gwehre gebn
und wenger Schiasserei im Lebn.
S Allerschlimmste is am End
a Flintn en da falschn Hend.

S Kind vom Hosn fragt se grod,
warums an drittn Leffl hod.

A Gschicht iwas Damerlutschn

„Konrad“, hod sei Muadder gsagt,
„Bua, wos bin i mit dir plagt.
Nie mochst des, wos ma da schafft,
allerwal bist eklhaft.
So an Fratzn wünscht ma koan.
I geh weg. Du bleibst dahoam!
Biascherl, bis i wiederkim,
bleibst du in deim Zimmer drin.
Und vor allem, hea guad zua,
damerglutsch host scho lang gnua.
Wennst no oamol Damer schläckst,
kimmt der Schneider Mäckmäckmäck,
und, obst as glaubn wüllst oder ned,
schneid der dir deine Damer weg.“

D Muadder geiht, de Dia follt zua.
Da Konrad is koa gscheider Bua.
Er schaut af seine Damer und
scho hod er oan davo im Mund.

Wal eam sei Muadder
gschtohln bleim ko,
fangt er sofort s Lutschn o.

Rumms, wer schpringt do durch de Dia?
Da Schneider mid da Riesnschar.
Dem Konrad kimmts so voa, als wia
wenn des sei letztes Stinderl war.

Schnipp, wos is denn des eitz gwen?
Schnapp, hod er zwoa Finger zweng.
Schau no grod hi und do schau her:
Da Konrad hod koan Damer mehr.

Bold kimmt sei Muadder hoam und segt,
der Drack hod wieder Damer gschläckt

Wei er so oag bluat und schreit,
duad er ihr glei wieder leid.
Sie sagt: „Kim her zu deiner Mama,
eitz gemma glei mid deine Damer
zum Schneider. Der nahts wieder o,
Da Bua fragt: „Onahn war scho sche,
bloß kannt ma ned zum Dokter geh?
I glaub, dass der des besser ko."

Da Suppnkaschper

Da Kaschper woa a liaber Bua
und gessn hod er mehr wia gnua.
Woa kernig, owa woa ned zfätt
und awl zu de Öltern nett.
Af oamol fangt er s Motzn o,
das er des Zeig ned essn ko.
Das er koa Suppn nimmer mog,
„Des gült fia heid und alle Dog."

Am zwoatn Dog is er scho schlank.
Sei Muadder fragtn: „Bist du krank?
Geh her do, dua dei Suppn essen."
Da Bua sagt: „Des konnst glei vergessn,
wal i koa Suppn nimmer mog.
Des gült fia heid und alle Dog."

Fast wia a Moddl, schpindldea
kimmt er am drittn Dog daher.
A Suppn wererd eam serviert,
„Ob ers ned eppa doch probiert?"
Da Kaschper lasst se ned verfian,
de Suppn wüll er ned brobiern.
Wal er koa Suppn nimmer mog,
heid ned und fia alle Dog.

Ned vül mehr wia Haut und Boaner
kemmer zletzt an Disch hi krocher.
D Muadder fangt glei o zum woaner.
„Kaschperl, wos solle bloß kocher?"
„Alles, Mama, konnst ma mocher.
Alles, bloß koa Suppn mehr!"
D Muadder richt a Pizza her.
De schmeckt eam guad, de isst er gean.
Bold wird er wieder wampert wean.

5. Eitz hod a dSuppn ihrer Ruah,
da Deckl bleibt af ewig zua.

Da Zapplphilipp

Bloß a Sekundn wenn se schtad
da Philipp a mol haltn dad.
Der zapplt nämlich ned erst seit
heid, der nervt de ganze Zeit.

Er dribblt und drabblt und gnigld und gnagld.
An Fuaß hod er in Disch eighagld.

D Muadder tippt af ADS,
da Vadder droht mit Hausarrest!
Davo lasst se da Bua ned schtean,
duad so, als dader goa nix hean.

Da Philipp schauklt leider
immer wülder weider.
Viere hinte viere zruck,
tschuk tschuk tschuk, so foaht da Zug.
Glei kippt er midm Schtuhl noch hintn.
„Gscheid solls de afn Bugl zindn!“
Er halt se an der Dischdeck fest.
„Du mid deim bledn ADS“,
schreit da Vadder d Muadder o,
„der Bua schpinnt doch a so a so.“
D Suppn, s Brot und s ganze Bschteck
reißt er mid da Dischdeck weg.

A Scheberer, vül Scherbn und Dreg,
af oamol is da Philipp weg,
liegt neberm Disch unter der Deck,
verschteckt se, dass ner koaner segt.

Des ganze guade Essn
kinners eitz vergessn.
Bis afn letztn Bissen
hod ers owegrissen.

D Muadder moant: „Mir hods ned gschadt,
i hob eh koan Hunger ghatt."
„I scho", sagt draf da Vadder,
„moang gemma zum Psychiater."

Iwas Affeschauer und iwas Afschauer

Koa Wunder wars, wenn wos bassiert,
so wia der Hans en d Schul marschiert.
Wira in Himml affe schtiert
wal na nix anders intressiert.

Er schaut, wia d Wolkn se vaschiam,
und wiavül Flieger wieder fliang.
Segt Starln, Lerchn, Amsln, Meisn
und weider ohm an Habicht kreisn.
Drom, do segt er alles. - Sched,
wo er higeht, segt er ned.

Da dimmste Hund im Dorf, da Hasso
rennt mid einem Mordskaracho
schnirlgred afn Hanse zua.
Natürlich segt ern ned, da Bua,
wal er de ganz Zeit affe schaut,
bis es gscheid afs Pflaster haut,
alle zwoa, an Hanse und
ausm Dorf an dimmstn Hund.

Nix bassierd. Da Hanse rennt
mid da Daschn en da Hend
weider.
Leider
schaut er wieder ned am Bodn
sondern allerwal noch ohm.
Zum Wosser hi sched mehr zwoa Schrid,
da Hanse kriagt des goa ned mid.
Drei Fisch, de dort am Ufer schwimmer,
seng vo unt den Hanse kemmer.
Sie schreier affe: „Halt, bleib schteh,
oder wüllst glei untergeh?“

Ins Lahre geiht da näxte Schrid
Da Hans daschrickt und er follt mid
seim Kopf voraus ens Wosser ei.
Dersafft da Hans? Is eitz vorbei?

Zwoa Maner ham
des Unglück gseng.
Rennts schnöll zum Hans!
Retts eam sei Lebn!
Sie schauer, obsn außerfanger
kina mid zwo lange Stanger.

Oa Mo is bei der Wasserwacht,
der kennt se aus, wia ma des mocht.
Da ander hod oft Baywotsch gseng,
woaß a Bescheid und hülft a weng.
Sie ziang den Hans mid aller Kraft
ausm Wosser, glei is gschafft.

Schau no grod, wia vorn und hint
dem Hans des Wosser owerinnt!
Vor Kältn ziedern Hend und Fiaß,
dass er da fast daboamer miaßt.

Dawal redt er scho mit de Fisch:
„Frale is a wengerl frisch,
wenn ma do heraußn steihd
und wenns da tropferd noss eigeiht.
Wer owa wüll ma des no nemma:
Fast war i heid in Himml kemma.“

Af und davo

De meistn Leid ham Angst vorm Weda.
Da Bertl is ned wie a jeder.
Eam gfollts sogoa sauguad, wenn draußn
Sturm und Reng und Hagl hausn,
wenns Bladl vo de Zweigerl waht
und weit en Himml auffedraht.
Alle bleim sche brav im Zimmer,
bloß am Bertl bassts dort nimmer.

Mit am Rengschiam und am Huad
gfollts eam glei zwoamol so guad.
Bama biang se bis zur Erdn.
Gern kannts no vül wülder wean.
Da Wind blost na vo hintn o:
„Kim her und fliag mid mia davo!"
Scho foaht a eam in Rengschiam ei
und reißt na mederweit in d Heih.

Weider wahts an Bert noch ohm.
Glei danzt er af de Wolkn drom.
Da Wind fragt: „Und wohi solls geh?"
Da Bert sagt: „Iberoll is sche."
Koa Kirchturmschpitz is mehr zum seng,
„Juhu, wos is des fir a Lebn!"

Ja, pfiad de
God, sagt jeder.
Des woa da
Schtruwlbeda.

Übersetzungshilfen
(hülft owa ned vül)

Bloß fia brave Kinder
san = sind, schtad = still, wal = weil, kemmer = kommen, erer = ihre, ummernander blärrn = herumschreien, allerwal = immer, hean = hören, nacher = dann

Da Schtruwlbeda
Greizbirnbamundhollerschtaua = (bayerischer Fluch) Kreuzbirnbaumundhollunderbusch, am = dem, oaner = einer, zrupfte Hoa = ungepflegtes Haar, s Mal = den Mund, iwan = über den

De Gschicht vom wüldn Fritz
wüld = wild, sunst = sonst, ummernand = herum, oamer = armer, Schtoa = Stein, mächt = möchte, Schtickl = kleines Stück, ohm = oben, gmiatlich = gemütlich, saffer = saufen, kaffer = kaufen, awl = immer, herd ned af = hört nicht auf, wal = weil, goa = gar, haffaweis = haufenweise, Krucker = Krücken, deaf = darf, kant = könnte

Zindln
Zindln = zündeln/mit dem Feuer spielen, Schtod = Stadt, gfoan = gefahren, af oamol = auf einmal, segts = sieht sie , wos = etwas, sche = schön, amol = einmal, moant/moint = meint, Koder = Kater, Deandl = Mädchen, Voder = Vater, head = hört, wal = weil, wos fir an = was für einen, schmatzn = (daher)reden, zint = zündet, Freid = Freude, heid = heute, hea = hör, hods = hat es, Hoa = Haare, kemmer = kommen, goa = vorbei/aus, a weng = ein wenig, gwen = gewesen, woaner = weinen, Aigerl = kleine Augen, heids = hätte es, kemmer kinner = kommen können, woa = war

Da schwoaze Mo
schwoaz = schwarz, näxte = nächste, kohlraberlschwoaz = kohlrabenschwarz, Mo = Mann, na = dann, eam = ihm, Ringlroaf = (Spielzeug-)Reifen, a = auch, kimmt = kommt, heid = hätte, greislich = hässlich, Gfries = Visage, frongs = fragen sie, äpper = etwa, eam = ihm, Gschwerl = Gesindel, war = wäre, owa = aber, hean = hören, hifiad = hinführt, leck = oje, woan = geworden, backts = packt sie, Oam = Arm/Arme, Oan = Ohr/Ohren, dunkt = tunken/tauchen, woaner = weinen, dad = würde, moaner = meinen, kannt = könnte, diafsten = tiefsten, om = oben, san = sind, Drack = böser Junge, san = sind, eitz = jetzt

Hos und Jager
Hos = Hase, sche = schön, derbleckt = verspottet, ower = herunter, Huad = Hut, miad = müde, Gros = Gras, eitz = jetzt, Schnoacher = Schnarchen, eitzer = jetzt, iwagschnappt = übergeschnappt/verrückt, wira = wie ein, laft = läuft, bol = bald, Goatn = Garten, grod no gfuner = gerade noch gefunden, einegschprunger = hineingesprungen, feiert = feuert, eam = ihm, Leffl = Löffel

A Gschicht iwas Damerlutschn

iwas = über das, Damerlutschn = Daumenlutschen, plagt = geplagt, schafft/schofft = befiehlt, allerwal = immer, Fratzn = böses Kind, koan = keinen, eitz = jetzt, Biascherl = Bürschchen, wiederkim = wiederkomme, schtad = ruhig, hea = höre, howe = habe ich, gnua = genug, schläckst = lutschen/schlecken, kimmt = kommt, obst = ob du es, geiht = geht, Dia = Tür, Damer = Daumen, eam = ihm, ko = kann, Riesnschar = Riesenschere, kimmts = kommt es, Stinderl = Stündchen, hod = hat, duad = tut, grod = gerade, segt = sieht, gschläckt = gelutscht, nahts wieder o = näht sie wieder an

Da Suppnkaschper

gessn = gegessen, woa = war, owa = aber, af oamol = auf einmal, Zeig = Zeug, fia = für, heid = heute, Dog = Tag/Tage, zwoatn = zweiten, konnst = kannst du, glei = gleich, wal = weil, schpindldea = spindeldürr, wererd = würde, eam = ihm, eppa = etwa/vielleicht, kemer = kommen, Boaner/Boiner = Knochen, woaner/woiner = weinen, solle = soll ich, mocher = machen, bold = bald, wampert = dick

Da Zapplphilipp

schtad = ruhig/still, dad = würde/täte, heid = heute, gnigln und gnagln = nervende, sich wiederholende Tätigkeiten ausführen, eighagld = eingehakt, schtean = stören, duad = tut, dader = täte/würde, hean = hören, viere = nach vorn, hinte = nach hinten, zruck = zurück, foaht = fährt, Bugl = Rücken, zintn = mit Wucht herunterfallen, Dischdeck = Tischdecke, Scheberer = Geschepper, Bschteck = Besteck, driwa = drüber, kinners = können sie, afn = auf den, hoders = hat er es, gschadt = geschadet, ghatt = gehabt, moang = morgen, gemma = gehen wir

Iwas Affeschauer und iwas Afschauer

iwas = über das, Affeschauer = Hinaufschauen, Afschauer = Aufpassen, wars = wäre es, wira = wie er, affe = hinauf, schtiert = starrt, na = ihn, vaschiam = verschieben, Flieger = Flugzeuge, ohm = oben, sched = nur/bloß, segt = sieht, afn = auf den, schnirlgred = schnurstracks, ern = er ihn, Hend = Hand, Schrid = Schritt(e), goa ned = gar nicht, ummernander = herum, dadn = würden/täten, san = sind, kinners = können sie, Lahre = Leere, daschrickt = erschrickt, follt = fällt, dersafft = ersäuft/ertrinkt, eitz = jetzt, Maner = Männer, ham = haben, gseng = gesehen, retts = rettet, außerfanger = herausfischen, kina = können, Stanger = Stangen, Mo = Mann, gseng = gesehen, grod = gerade, wira = wie er, daboamer = Mitleid haben/erbarmen, dawal = derweilen, frale = freilich, schteiht = steht, tropferd noss = sehr/tropfend nass, eigeiht = hineingeht, neamad = niemand, kemma = gekommen

Af und davo

af und davo = auf und davon, Leid = Leute, Weda = Gewitter, gfollts = gefällt es, Bladl = Blätter, waht = weht, affedraht = hinaufdreht/hinaufwirbelt, Huad = Hut, gfollts = gefällt es, Bama = Bäume, biang = biegen, eam = ihm, o = an, kim = komm, foaht = fährt, blost na = bläst ihn, en d Heih = in die Höhe, wahts = weht es, ohm = oben, iberoll = überall, seng = sehen

Büldln
zum Ausmaln
und zum
Einemaln

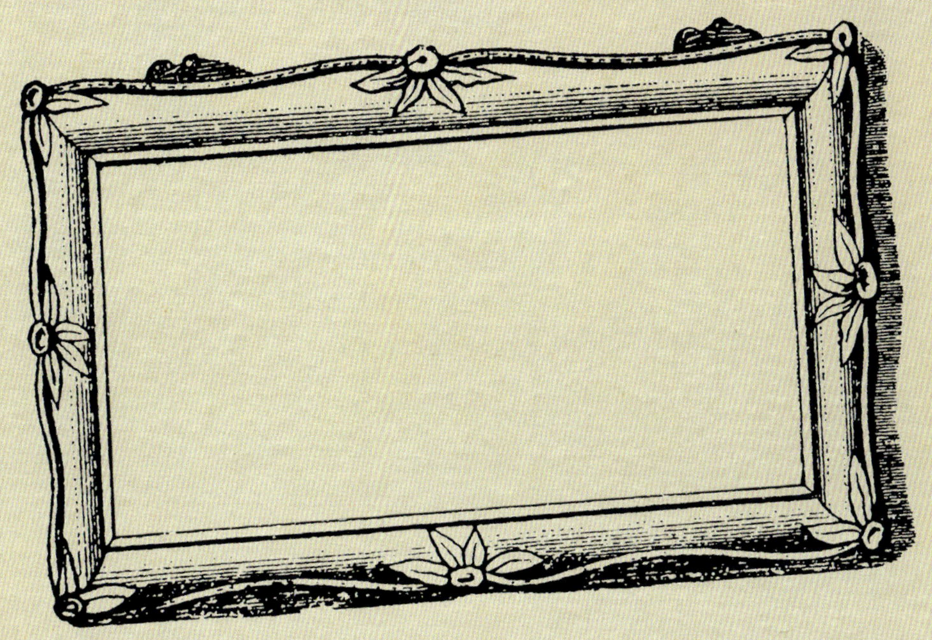

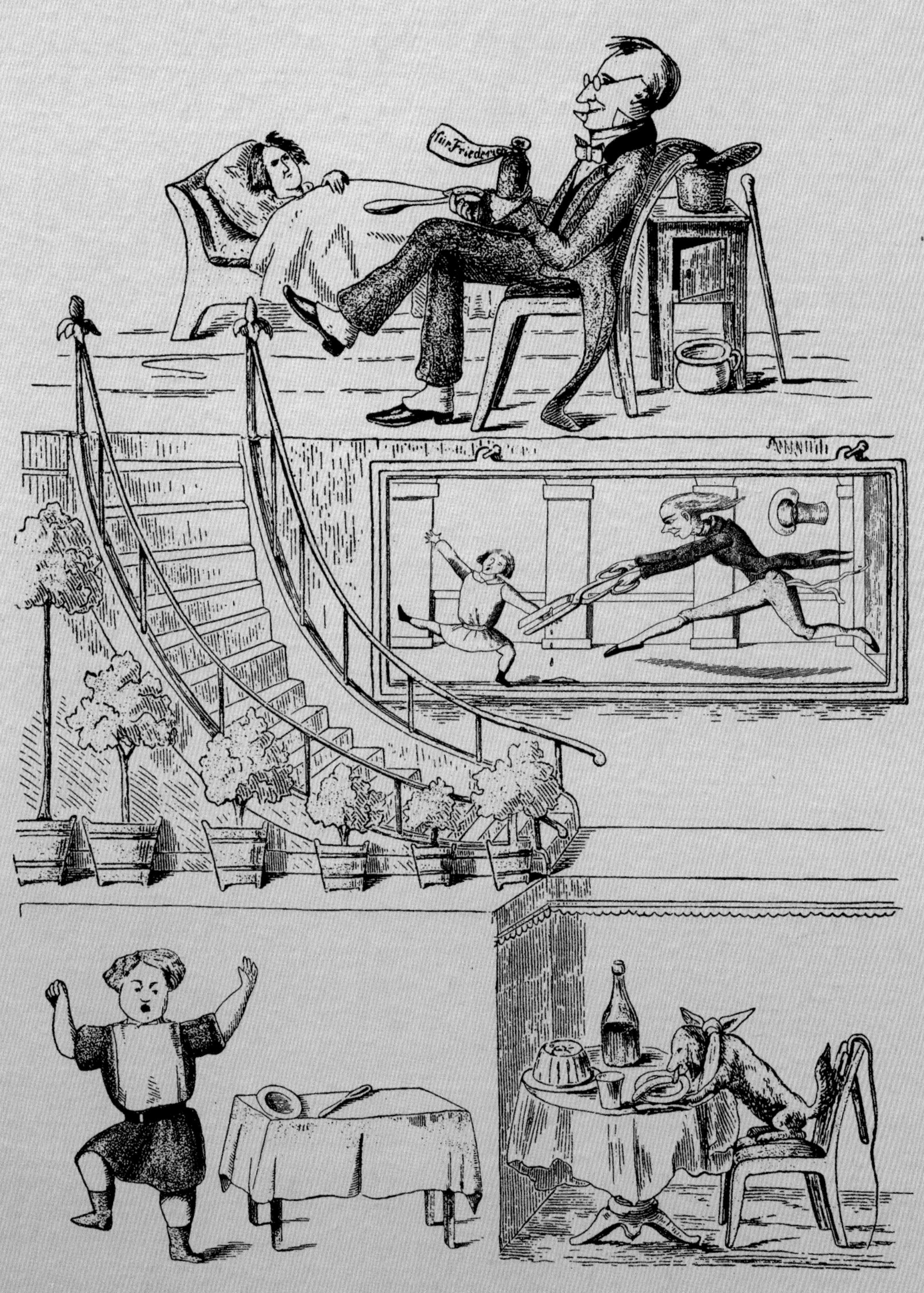
für Frieder

Wie das Original „Der Struwwelpeter“ entstand

erzählt vom Struwwelpeter-Erfinder Dr. Heinrich Hoffmann

Gegen Weihnachten des Jahres 1844, als mein ältester Sohn drei Jahre alt war, ging ich in die Stadt, um demselben zum Festgeschenke ein Bilderbuch zu kaufen, wie es der Fassungskraft des kleinen menschlichen Wesens in solchem Alter entsprechend schien. Aber was fand ich? Lange Erzählungen oder alberne Bildersammlungen, moralische Geschichten, die mit ermahnenden Vorschriften begannen und schlossen, wie: »Das brave Kind muß wahrhaft sein«; oder: »Brave Kinder müssen sich reinlich halten« etc. – Als ich nun gar endlich ein Foliobuch fand, in welchem eine Bank, ein Stuhl, ein Topf, und vieles andere, was wächst oder gemacht wird, ein wahres Weltrepertorium, abgezeichnet war, und wo bei jedem Bild fein säuberlich zu lesen war: die Hälfte, ein Drittel oder ein Zehntel der natürlichen Größe, da war es mit meiner Geduld aus. Einem Kind, dem man eine Bank zeichnet, und das sich daran erfreuen soll, ist dies eine Bank, eine wirkliche Bank. Und von der wirklichen Lebensgröße der Bank hat und braucht das Kind gar keinen Begriff zu haben. Abstrakt denkt ja das Kind noch gar nicht, und die allgemeine Warnung: »Du sollst nicht lügen!« hat wenig ausgerichtet im Vergleich mit der Geschichte: »Fritz, Fritz, die Brücke kommt!«

Als ich damals heimkam, hatte ich aber doch ein Buch mitgebracht; ich überreichte es meiner Frau mit den Worten: »Hier ist das gewünschte Buch für den Jungen!« Sie nahm es und rief verwundert: »Das ist ja ein Schreibheft mit leeren weißen Blättern!« »Nun ja, da wollen wir ein Buch daraus machen!« Damit ging es nun aber so zu. Ich war damals, neben meinem Amt als Arzt der Irrenanstalt, auch noch auf Praxis in der Stadt angewiesen. Nun ist es ein eigen Ding um den Verkehr des Arztes mit Kindern von drei bis sechs Jahren. In gesunden Tagen wird der Arzt und der Schornsteinfeger gar oft als Erziehungsmittel gebraucht: »Kind, wenn du nicht brav bist, kommt der Schornsteinfeger und holt dich!« oder: »Kind, wenn du zu viel davon issest, so kommt der Doktor und gibt dir bittere Arznei oder setzt dir gar Blutegel an!« Die Folge ist, daß, wenn in schlimmen Zeiten der Doktor gerufen in das Zimmer tritt, der kleine kranke Engel zu heulen, sich zu wehren und um sich zu treten anfängt. Eine Untersuchung des Zustandes ist schlechterdings unmöglich; stundenlang aber kann der Arzt nicht den Beruhigenden, Besänftigenden machen. Da half mir gewöhnlich rasch ein Blättchen Papier und Bleistift; eine der Geschichten, wie sie in dem Buche stehen, wird rasch erfunden, mit drei Strichen gezeichnet und dazu möglichst lebendig erzählt. Der wilde Oppositionsmann wird ruhig, die Tränen trocknen, und der Arzt kann spielend seine Pflicht tun.

So entstanden die meisten dieser tollen Szenen, und ich schöpfte sie aus vorhandenem Vorrate; einiges wurde später dazu erfunden, die Bilder wurden mit derselben Feder und Tinte gezeichnet, mit der ich erst die Reime geschrieben hatte, alles unmittelbar und ohne schriftstellerische Absichtlichkeit. Das Heft wurde eingebunden und auf den Weihnachtstisch gelegt. Die Wirkung auf den beschenkten Knaben war die erwartete; aber unerwartet war die auf einige erwachsene Freunde, die das Büchlein zu Gesicht bekamen. Von allen Seiten wurde ich aufgefordert, es drucken zu lassen und es zu veröffentlichen. Ich lehnte es anfangs ab; ich hatte nicht im Entferntesten

daran gedacht, als Kinderschriftsteller und Bilderbüchler aufzutreten. Fast wider Willen wurde ich dazu gebracht, als ich einst in einer literarischen Abendgesellschaft mit dem einen meiner jetzigen Verleger gemütlich bei der Flasche zusammensaß. Und so trat das bescheidene Hauskind plötzlich hinaus in die weite offene Welt und machte nun seine Reise, ich kann wohl sagen, um die Welt, und ist heute seit einunddreißig Jahren bis zur hundertsten Auflage gelangt. Von Übersetzungen ist mir bis jetzt eine englische, holländische, dänische, schwedische, russische, französische, italienische, spanische und eine portugiesische (für Brasilien) zu Gesicht gekommen.
Ich muß dabei auch des sonderbaren Erfolges erwähnen, den das Büchlein anfangs in Frankfurt selbst hatte. In den ersten Monaten des Jahres 1846, nachdem der Struwwelpeter am vergangenen Christfest zum ersten Male in die Kinderwelt getreten war, wurde ich oft von dankbaren Müttern oder entzückten Vätern auf der Straße angehalten, welche mich mit den Worten begrüßten: »Lieber Herr Doktor, was haben Sie uns eine Freude gemacht! Ich habe da zu Hause ein dreijähriges Kind, welches sich bis jetzt sehr langsam entwickelte und nun in ganz kurzer Zeit das ganze Buch auswendig weiß und ganz allerliebst hersagt. Ich versichere Sie, in dem Kinde steckt was!« – Damals waren die Genies unter den Kindern ganz gemein geworden. Später sahen freilich die Leute ein, daß es nicht sowohl in den außergewöhnlichen Anlagen der Kleinen als in der glücklich getroffenen plastischen Diktion steckte.
Trotzdem hat man den Struwwelpeter aber auch großer Sünden beschuldigt, denselben als gar zu märchenhaft, die Bilder als fratzenhaft oft herb genug getadelt. Da hieß es: »Das Buch verdirbt mit seinen Fratzen das ästhetische Gefühl des Kindes.« Nun gut, so erziehe man die Säuglinge in Gemäldegalerien oder in Kabinetten mit antiken Gipsabdrücken! Aber man muß dann auch verhüten, daß das Kind sich selbst nicht kleine menschliche Figuren aus zwei Kreisen und vier geraden Linien in der bekannten Weise zeichne und glücklicher dabei ist, als wenn man ihm den Laokoon zeigt. – Das Buch soll ja märchenhafte, grausige, übertriebene Vorstellungen hervorrufen! Das Kind ist aber nur das Volk, und schwerlich werden diese Erzieher die Geschichte vom Rotkäppchen, das der Wolf verschluckte, vom Schneewittchen, das die böse Stiefmutter vergiftete, aus dem Volksbewußtsein und aus der Kinderstube vertilgen. Mit der absoluten Wahrheit, mit algebraischen oder geometrischen Sätzen rührt man aber keine Kinderseele, sondern läßt sie elend verkümmern. – Und wie viele Wunder umgeben denn nicht auch den Erwachsenen, selbst den nüchternsten Naturforscher! Dem Kinde ist ja alles noch wunderbar, was es schaut und hört, und im Verhältnis zum immer noch Unerklärten ist überhaupt die Masse des Erkannten doch auch nicht so gewaltig. Der Verstand wird sich sein Recht schon verschaffen, und der Mensch ist glücklich, der sich einen Teil des Kindersinnes aus seinen ersten Dämmerungsjahren in das Leben hinüber zu retten verstand.
Meine weiteren Bücher der Art, König Nußknacker, Im Himmel und auf der Erde, Bastian der Faulpelz, Prinz Grünewald und Perlenfein, entstanden in derselben Absicht und aus derselben Ansicht. Immer aber ging ich von der Überzeugung aus: »Das Kind erfaßt und begreift nur, was es sieht.«

Dr. Heinrich Hoffmann [Die Gartenlaube, 46/1871]

Zum Schtruwlbeda

Brauchts des eitz a no? Die Frage ist angesichts der unzähligen Struwwelpeter-Varianten, die bereits im Umlauf sind, durchaus berechtigt.
Sie kann entschieden und energisch mit einem Ja beantwortet werden - zumindest aus meiner Sicht. Ich konnte der Herausforderung nicht widerstehen, aus dem Struwwelpeter eine bayerische Kinder- und Erwachsenenbuch-Version zu entwickeln, die keinerlei pädagogischen Anspruch erhebt, sondern einfach Spaß macht.
Die unbarmherzigen Zeichnungen der Frankfurter Originalausgabe hatten es mir angetan: Daumen ab, Katze tot, Kind verbrannt. Diese Grausamkeiten wollte ich nicht durch neue, mutmaßlich kindgerechtere Illustrationen verwässern, sondern die Bilder in der ursprünglichen Härte und mit ihrer wohlverdienten Patina beibehalten.
Vor 170 Jahren waren laut Struwwelpeterschem Familienrechtsverständnis ausschließlich die Kinder dafür verantwortlich, wenn ihnen etwas Schlimmes zustieß. Das ist nachweislich heute noch so, doch darf man es nicht mehr schreiben, will man nicht wegen übler Nachrede gegen Minderjährige vor Gericht gezerrt, verurteilt und gesteinigt werden. Ich möchte noch nicht sterben und schon gar nicht unter den genannten Umständen. Deshalb verteilen die Geschichten in meinem Schtruwlbeda die Schuld gleichmäßig auf Mutter, Vater, Kinder, Hunde, Feuerwehr und Gesellschaft. So hat jeder etwas davon.
Wer in Roding aufgewachsen ist und jetzt in Regensburg lebt, leidet zwangsläufig unter dialektaler Bewusstseinsspaltung. Zudem plagen ihn Gewissensbisse, ob es ihm die Familie daheim verzeiht, dass er „moant" statt „moint" schreibt, wenn er „meint" meint. Dann hört er endlich damit auf, von sich in der dritten Person zu sprechen, und schreibt es einfach so, wie er meint, moint, moant.

www.schwafi.com